陈总编爱车热线书系

汽车标识符号全知道

第 4 版

陈新亚 编著

目前，汽车上的配置越来越丰富，标识符号越来越多，操作也更加复杂，人们对汽车也就越来越不明白了。《汽车标识符号全知道》按品牌标识、车身外观标识、车门车窗操作标识、座椅调节标识、方向盘及周围标识、仪表板标识、变速杆及周围标识、灯光与后视镜标识、驾驶操作标识、发动机室标识、轮胎标识、车辆身份标识的顺序，以图解的方式对汽车上的标识和符号一一进行解释和说明，并附注一些驾驶人操作使用注意事项等。愿读者能够轻松看懂汽车上的所有标识符号，做个真正懂车爱车的人。

《汽车标识符号全知道》适合车主、驾驶人、汽车爱好者和汽车从业人员使用。

图书在版编目（CIP）数据

汽车标识符号全知道 / 陈新亚编著. — 4版. — 北京：机械工业出版社，2018.9（2025.4重印）
（陈总编爱车热线书系）
　ISBN 978-7-111-60764-9

Ⅰ.①汽… Ⅱ.①陈… Ⅲ.①汽车—标志—世界—图集 Ⅳ.①U469-64

中国版本图书馆CIP数据核字（2018）第195684号

机械工业出版社（北京市百万庄大街22号　邮政编码100037）
策划编辑：李　军　　　　　责任编辑：李　军
责任校对：黄兴伟　　　　　责任印制：邰　敏
北京富资园科技发展有限公司
2025年4月第4版第2次印刷
178mm×212mm·4印张·129千字
标准书号：ISBN 978-7-111-60764-9
定价：25.00元

凡购本书，如有缺页、倒页、脱页，由本社发行部调换

电话服务　　　　　　　　　　网络服务
服务咨询热线：010-88361066　机 工 官 网：www.cmpbook.com
读者购书热线：010-68326294　机 工 官 博：weibo.com/cmp1952
　　　　　　　010-88379203　金　书　网：www.golden-book.com
封面无防伪标均为盗版　　　　教育服务网：www.cmpedu.com

前言

做个真正懂车爱车的人

我一直有个问题，为什么汽车上的标识都用英文字母，而不用德文、日文、韩文或中文，即使自主品牌生产的、只供中国市场销售的车型上，也都使用英文？比如，后视镜调节，都要使用L或R来表示左后视镜或右后视镜，为什么不直接使用"左"或"右"来表示？还有，音响操作面板上的一堆英文缩写词，那明明就是故意让中国人看不明白，如果直接用中文表示，那该多方便。

正因为都用英文标识，所以导致汽车上的一些操作按键或旋钮，直到汽车报废，驾驶人可能都不明白是做什么用的；汽车上的一些先进功能，可能一直都没有被驾驶人启用。这对汽车的设计者、制造者和拥有者，都是很大的遗憾！

现在，汽车上的配置越来越丰富，先进功能越来越多，操作也更加复杂，人们对汽车也就越来越不明白了。我盼望以后在中国销售的汽车上能尽量都使用中文标识。

为了帮助车主和汽车爱好者认清汽车上的功能标识，学会正确使用和保养汽车的方法，特编写此书。愿读者能看懂汽车上的所有标识符号，做个真正懂车爱车的人。

270963083@qq.com

陈总编爱车热线书系　III

目录 CONTENTS

前言

第1章 汽车品牌标识 1

第2章 车身外观标识 6
1. 制造厂家标识 6
2. 品牌、车型和车款的关系 8
3. 发动机技术标识 10
4. 四轮驱动标识 12

第3章 车门车窗操作标识 13
1. 遥控钥匙 13
2. 中控门锁开关 14
3. 后车门儿童安全锁 15
4. 行李箱盖和燃油箱盖开关 15
5. 车窗玻璃升降控制 16
6. 电动天窗开关 17

第4章 座椅调节标识 19
1. 座椅位置调节 19
2. 座椅位置记忆 20
3. 腰部支撑调节 22
4. "老板键" 23
5. 座椅加热与通风 23
6. 头枕高度调节 24
7. 座椅按摩功能 24
8. 安全带高度调节 24
9. 安全气囊及关闭 25
10. 驾乘室辅助配置 25

第5章 方向盘及周围标识 26
1. 多功能方向盘 26
2. 方向盘周围标识 34

第6章 仪表板标识 37
1. 行驶信息仪表 37
2. 警示标识符号 45
3. 指示标识符号 46

第7章 变速杆及周围标识 48
1. 变速器档位 48
2. 变速杆周围标识 52

第8章 中控台上标识 56
1. 中控台 56
2. 空调 57
3. 影音 62
4. 导航 64

第9章 灯光与后视镜标识 66
1. 灯光调节 66
2. 后视镜调节 72

第10章 驾驶操作标识 74
1. 人机交互系统 74
2. 安全驾驶操作 78
3. 高级驾驶标识 82
4. 四轮驱动操作标识 84
5. 其他功能操作标识 87

第11章 发动机室标识 88
1. 发动机室标识位置 88
2. 发动机油液加注标识 89

第12章 轮胎标识 90
1. 轮胎规格与性能标识 90
2. 轮胎充气压力标识 91

第13章 车辆身份标识 92
车辆识别码VIN 92

第 1 章 汽车品牌标识

　　汽车品牌标识一般都要镶嵌在车头、车尾、车轮中央、方向盘中央和发动机罩上，在车钥匙等车辆附件上也会有汽车品牌标识。不论是从车外还是车内看，它都是汽车上最醒目的标识。因为品牌标识代表汽车制造厂家的品牌和品牌文化，相当于汽车制造厂家的招牌。

　　一个汽车制造厂家，会有一个或多个汽车品牌，如一汽－大众就有大众和奥迪两个品牌；上汽通用则有凯迪拉克、别克和雪佛兰等品牌。但是，也可能有两个或多个汽车厂家制造同一个品牌的汽车，如一汽－大众和上汽大众都制造大众品牌的汽车；广汽丰田和一汽丰田都制造丰田品牌的汽车；广汽本田和东风本田都制造本田品牌汽车。

汽车标识符号全知道 第4版

斯柯达　法拉利　玛莎拉蒂　凯迪拉克
沃尔沃　　　　　　　　　　特斯拉
　　　　菲亚特　　别克
萨博　　　　　　　　　　　雷佛兰
　　　阿尔法·罗密欧　科尔维特　福特
西亚特

野马

克莱斯勒

兰博基尼

蓝旗亚

道奇　　吉普

第 1 章 汽车品牌标识

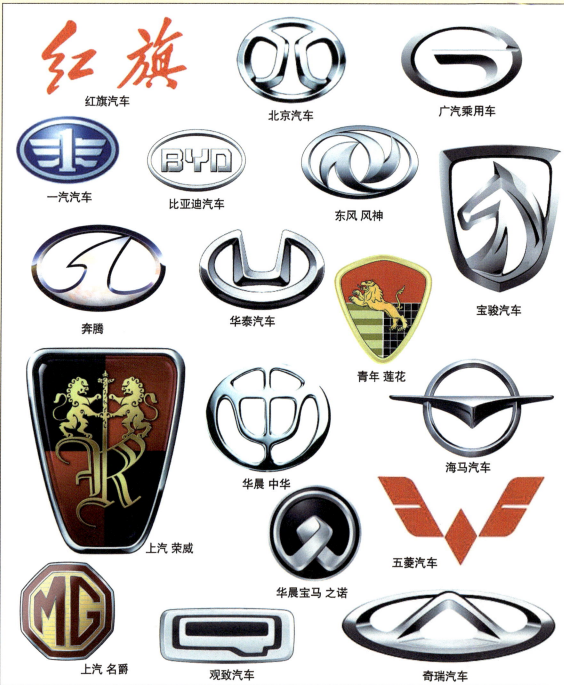

第 1 章 汽车品牌标识

第2章 车身外观标识

1. 制造厂家标识

从车尾部上的中文标识，就能认出国产汽车的制造商来。按照我国的相关规定，凡是在中国制造的汽车，车尾必须标上制造厂商的中文标识，表明这辆车是由哪家汽车厂制造的，如上汽通用、广汽丰田等。一般在车尾部左侧上方的中文名字，就是制造商的名称，也有个别将制造商的中文名字标注在右下方的。

但是，进口车并不受此规定，而且进口车一般并不将制造商名称标注在车尾或车身其他部位。我们只好根据它的车标和我们掌握的相关知识，来分辨它是谁制造的。

制造厂家
这是汽车制造厂家的名称，而且是制造厂家名称的缩写，如一汽-大众代表一汽大众汽车有限公司。

车型名称（车名）
车名是车型名称的简称。每辆汽车都有一个名称，除少数自主品牌的车型外，在中国销售的绝大多数汽车都用英文字母标识车名。图中车的英文名称MAGOTAN对应的中文名称是迈腾。

品牌标志

品牌名称
VOLVO是沃尔沃品牌的英文名称。由于沃尔沃的品牌标识上有一斜杠，不宜放在车尾，因此直接用品牌名称标识。

车型名称（车名）
沃尔沃品牌的主要车型有C30、C70、S60、S80L、XC60、V60、XC90等。

车款
3.2代表此车配备排量为3.2升的发动机；AWD意为全时四轮驱动。

第 2 章 车身外观标识

车型名称（车名）
奥迪品牌之下的SUV车型有Q3、Q5、Q7。

品牌标志
奥迪的"四环"标识源于当年四家汽车公司合并组成后来的奥迪汽车。

制造厂商
国产奥迪汽车都是由一汽大众汽车有限公司生产的。下面的本田CR-V汽车，则由东风本田汽车有限公司制造。

车款
这款奥迪Q5车型配备的发动机排量为2.0升，并采用涡轮增压技术。T是涡轮增压（Turbo）的简称。

品牌标志
东风本田制造的汽车，都挂日本本田汽车品牌的标识。

品牌名称
本田汽车的品牌名称。

车型名称（车名）
CR-V是车名。东风本田制造的其他车型的车名还有CIVIC（思域）等。

车款
VTi是车型款式或配置标识，它本身没有意义，只是用来区别不同配置的同一车型。本田CR-V汽车的其他配置标识，还有LXi、EXi、VTi-S等。

陈总编爱车热线书系

2. 品牌、车型和车款的关系

一个品牌中，一般都要包括数个车型，它们分别具有不同的车身造型和大小。我们把具有相同车身的汽车，称它们是属同一个车型，如宝马品牌包括7系、5系、3系等车型；丰田品牌包括凯美瑞、致炫、汉兰达等车型。其中，7系、凯美瑞等就是车型名称，简称车名。

如果把一家汽车制造公司比作一个"村庄"，那么，制造公司所拥有的每个品牌就相当于一个"家庭"，而每个家庭又有数位家庭成员，那就是车型。每个家庭成员都各自有自己的名字，但它们都用同一个姓氏。以上汽通用汽车公司为例，此公司（相当于一个村庄）拥有凯迪拉克、雪佛兰、别克等品牌（相当于不同家庭），别克品牌下有君越、君威等车型（相当于家庭成员）。

车型名称形式五花八门，有纯数字形式，也有纯字母形式，更有字母+数字的形式，也有数字+字母的形式。

每个车型根据动力系统和配置不同，又分为很多款式，如1.4T 豪华款、2.0L 舒适款、2018款等，简称车款。

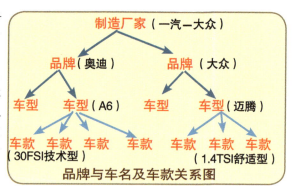

品牌与车名及车款关系图

品牌名称：TOYOTA是丰田品牌的英文名称。

品牌标志：丰田汽车的品牌标识。

车型名称：CAMRY是凯美瑞的英文名称。

制造厂家　　车款

第 2 章 车身外观标识

车型名称（车名）
　　YARiS是丰田汽车品牌下一款两厢轿车车型，中文名称是致炫。致炫由广汽丰田汽车有限公司生产。广汽丰田生产的其他车型包括：汉兰达（HIGHLANDER）、凯美瑞（CAMRY）和逸致（E'Z）等。

车款
　　车款是车型款式的简称，一般用英文字母标识。
　　SE本身没什么意义，它只代表车型款式不同而已，主要用来区别不同配置的同名车型。除了SE外，致炫还用LE等作为车款标识。
　　不同的车款，主要是配置不同。所谓汽车的配置区别，主要包括变速器形式、座椅蒙面材料、音响品质、空调调节方式、座椅调节方式、倒车雷达和图像、导航等。
　　在车型规格表上，一般采用汉字来表示车款的不同，如舒适款、基本型、豪华型、运动款等，但一般不在车身外用中文标出，而只会用英文字母来区分。常用的车款用字母，有GL、GLX、GS、LE、SE和EX等。

制造厂家
　　东风悦达起亚汽车有限公司由东风汽车公司、江苏悦达投资股份有限公司、韩国起亚自动车株式会社共同合资组建，因此，它的简称由东风、悦达、起亚组成。

发动机技术
　　NU是韩国现代起亚汽车集团一种发动机的系列号；其他系列号有Gamma、Beta等。
　　CVVT是一种发动机技术名称，是英文Continue Variable Valve Timing的缩写，意为连续可变气门正时机构。

车型名称（车名）
　　OUTLANDER是日本三菱汽车公司旗下的一款SUV车型，中文名称是欧蓝德。

车款

陈总编爱车热线书系　9

3. 发动机技术标识

发动机是汽车的"心脏",因此制造厂家为了向人们展示它们拥有的比较先进的发动机技术,往往会把与发动机技术或发动机规格相关的内容标识在车身上。

奥迪汽车的车款标识已由原来的发动机排量改为加速性能标号,如30、35、50等。据称,这个加速性能标号是根据汽车的0—100千米/时加速测试时的g值,经一系列运算和换算而得出的。

其实,30与加速性能没有太大关系,只是把原来的发动机排量换成另一个数字而已,如30对应排量2.5升的发动机,35对应排量2.8升的发动机,50对应排量3.0升的机械增压发动机。

TFSI是奥迪燃油缸内直接喷射涡轮增压发动机技术的简称。其中,T代表涡轮增压（Turbo）；FSI是Fuel Stratified Injection的字母简写,中文意思是燃料分层喷射技术。

这是本田汽车上常见的标识。VTEC是英文Variable Valve Timing and Valve Lift Electronic Control的缩写,意思是可变气门正时及升程电子控制系统。前面的i是英文intelligent的缩写,意为智能。

这是大众汽车上的常见标识。它的全称是TFSI,即在奥迪汽车上将这种发动机称为TFSI,但在大众车型上为了区别于奥迪,则简称为TSI。

只有字母I是红色,代表是1.4升排量；SI都是红色,代表是1.8升排量；TSI都是红色,代表是2.0升排量。

起亚汽车上的标识,CVVT是英文Continue Variable Valve Timing的缩写,意思是连续可变气门正时机构。Nu是现代起亚汽车发动机的系列编号。ENGINE意为发动机。

第 2 章 车身外观标识

2.0代表此发动机的排量是2.0升。LS是车型配置款式的标识,其本身没有意义。

这是东风日产天籁汽车车身上的标识。其中,2.5表明此车配备的发动机的排量为2.5升;XL是车辆款式和配置的代号,本身没有意义;V6是指发动机的气缸排列形式为V形、6缸。
XTRONIC CVT是日产汽车公司无级变速器的标识,表明此车采用无级变速器。

VVT是英文Variavle Valve Timing的缩写,意思是可变气门正时,此技术可帮助发动机节省燃油。

E150是北汽新能源电动汽车的车型标识。其中,E代表电动汽车,150是指其续航里程为150千米。

这是上汽荣威550S车型上的标识。
1.8意为此车配备1.8升排量的发动机;DVVT是英文Double Variable Valve Timing缩写,意为双可变气门正时系统。

HYBRID是混合动力汽车的标识,它指此车采用油电混合动力系统。

4. 四轮驱动标识

普通汽车都是只有两个车轮是驱动轮，且大部分采用两个前轮作为驱动轮，少数采用两个后轮作为驱动轮。采用四个车轮都作为驱动轮的汽车，在性能上相对普通汽车而言要高一些。因此，采用四轮驱动的汽车，都要在车身显著位置标识出各自四轮驱动系统的名称。

4×4是四轮驱动的标识，意为此车的四个车轮都是驱动轮，其越野能力更强。

4WD是较常见的四轮驱动技术标识。4WD是4 Wheel Drive的缩写。

奔驰汽车上的四轮驱动技术标识。

AWD是英文All Wheel Drive的缩写，意思是全轮驱动；也可以是All-time Wheel Drive的缩写，意思是全时四驱。

标有AWD的一定是全时四驱车型，即一直向四个车轮分配驱动力；而4WD可以是指全时四驱，但也可能是分时四驱。

奥迪汽车上的四轮驱动技术标识。

ALL 4是MINI COUNTRYMAN车型上的四轮驱动标识。

宝马汽车上的四轮驱动技术标识。

大众汽车上的四轮驱动技术标识。

讴歌汽车ZDX车型上的四轮驱动技术SH-AWD标识。

第3章 车门车窗操作标识

第3章
车门车窗操作标识

1. 遥控钥匙

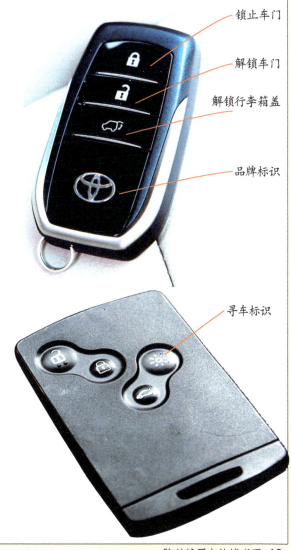

锁止车门
解锁车门
解锁行李箱盖
品牌标识
寻车标识

　　现在，车门锁的开关主要依靠遥控钥匙了，在车钥匙上都会有车门锁打开和锁上的醒目标识。已锁上的小锁就代表锁车，或用英文"LOCK"表示；打开的小锁代表解锁车门，或用英文"UNLOCK"表示。
　　一般来讲，按一下开锁按钮，只会将驾驶人侧的车门解锁；再继续按一下，就会解开所有车门的门锁。
　　行李箱盖掀起，代表给行李箱解锁。
　　一些车钥匙还有寻车图标，按下后车辆就会起动危险警告灯（俗称"双闪"）或发出鸣叫声，可以方便车主找到停放的车辆。

2. 中控门锁开关

现在，轿车上一般都有一个中控门锁开关，大多设在驾驶座门旁的手把架上。驾驶人关上车门后，当按下中控锁的"LOCK"按钮，所有车门都会锁上；当再按下"UNLOCK"按钮，所有车门就都开锁了。但是，现在更多的是用解锁和闭锁的图形来表示。

现在，轿车一般都有自动落锁的功能。如果汽车超过一定速度（如30千米/时左右），即使你没有用中控门锁锁止车门，车辆也会自动落锁。这就是为什么在汽车刚刚加速行进时，常常听到"哗"的一声的原因。

车外后视镜加热除霜

车门中控解锁

车门中控锁止

车外后视镜调节
L是英文Left（左）的缩写，R是英文Right（右）的缩写。当调节钮旋转到"L"时，就可以调节左侧车外后视镜；同理，当旋转到"R"时，就可以调节右侧车外后视镜；当旋转到"O"时，那就哪个也不调节。

车门开关拉手
当要开门下车时，只需拉一下车门开关拉手，车门即可打开。一些德国车型为了防止误开车门，往往需要拉两下才能将车门真正打开。

车门开关拉手　车门中控解锁　车门中控锁止　头枕位置调节　座椅位置记忆设置　靠背位置调节　座垫位置调节

3. 后车门儿童安全锁

后车门儿童安全锁的作用，是为了防止后排座上的儿童自行从车内打开车门而特别设计的，几乎所有轿车的后车门上都有此设置。使用此装备，即便车门锁都已经打开，也无法从车内打开车门，而只能从车外打开车门。当有儿童坐在后座位时，请尽量使用此装备功能。

使用方法是，在关门前将儿童安全锁置于闭锁符号一侧即可。此时，只能从车外面用车外门把手才能打开后车门；如果要取消此功能，只需在关门前将儿童安全锁装置拨到开锁符号对应的一侧即可。

向左推，即起动后车门儿童安全锁。此时，只能从车外面才能打开后车门。

向右推，即解锁儿童安全锁。此时，从车外和车内都可以打开后车门。

4. 行李箱盖和燃油箱盖开关

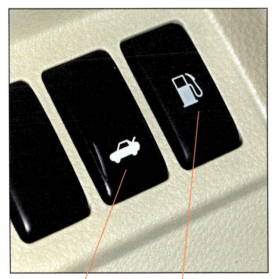

行李箱盖开关　　燃油箱盖开关

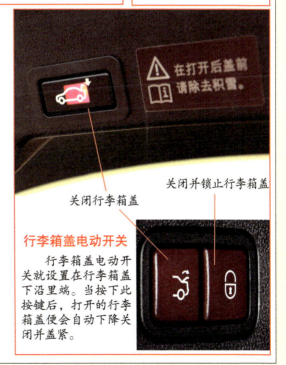

关闭行李箱盖

关闭并锁止行李箱盖

行李箱盖电动开关

行李箱盖电动开关就设置在行李箱盖下沿里端。当按下此按键后，打开的行李箱盖便会自动下降关闭并盖紧。

5. 车窗玻璃升降控制

车窗玻璃的升降操作钮一般设置在车门的扶手上，这样驾乘人员操作起来最为方便。

一些车窗具有防夹功能，如果车窗玻璃在上升过程中遇到阻力，它会停止上升，以防夹到乘车人的头、手或胳膊等。

安全开关。按下此开关后，可使后排车门的电动门窗按钮不起作用，以防后排儿童打开车窗。

选择左后视镜　后视镜调节钮
左后车窗玻璃控制　左前车窗玻璃控制
选择右后视镜

右后车窗玻璃控制　右前车窗玻璃控制　折叠后视镜（同时按下L、R按钮）

选择左后视镜　折叠后视镜
选择右后视镜
后视镜调节键
左前车窗玻璃控制
右前车窗玻璃控制
左后车窗玻璃控制
右后车窗玻璃控制
安全开关。按下此钮后，可使后车窗锁止。

MPV车型自动滑道车门开关。其中，CLOSE=关，OPEN=开。

第 3 章 车门车窗操作标识

6. 电动天窗开关

　　天窗开关位于前排乘员中间的上前方，也就是在车内后视镜的上方。天窗的开关方式主要有两种，一种是扭，一种是按。上面都有非常形象的符号，很容易就能明白如何操作。即使一开始不清楚，可以先试扭或按几下。请注意，天窗操作中都有一个"后翘"功能，在下雨天打开时可防止风窗玻璃内壁上起雾。

天窗打开　　　天窗上翘

天窗关闭　　　天窗下倾

天窗滑动打开
　　按着此键，天窗玻璃即向后滑动打开。
　　SLIDE=滑动
　　OPEN=打开

天窗上翘开关
　　按着此键，天窗即自动向上翘起。
　　TILT UP=向上翘

天窗关闭
　　按着此键，打开的天窗即自动关闭。
　　CLOSE=关闭

汽车标识符号全知道 第4版

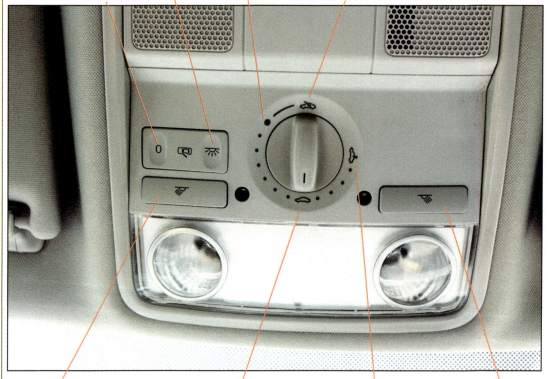

- 门控车内照明灯关闭
- 门控车内照明灯打开
- 天窗打开至风噪较小的位置
- 天窗打开至最大位置
- 阅读灯开关
- 天窗完全关闭的位置
- 天窗上翘至最大位置
- 阅读灯开关

门控车内照明灯开关

打开车门时,如果在"ON"位置,车内照明灯自动点亮;如果在"OFF"位置,车内照明灯不会自动点亮。

DOOR=门
ON=开
OFF=关

天窗开关

向前或向后扳动此开关,即可打开或关闭天窗。

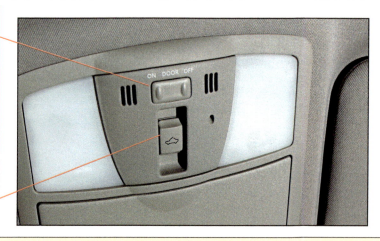

第 4 章 座椅调节标识

1. 座椅位置调节

座椅调节操作方式都比较形象，调节钮和座椅形状近似，直接按照对应部位即可调节座椅的高度、前后以及靠背的倾斜度等。

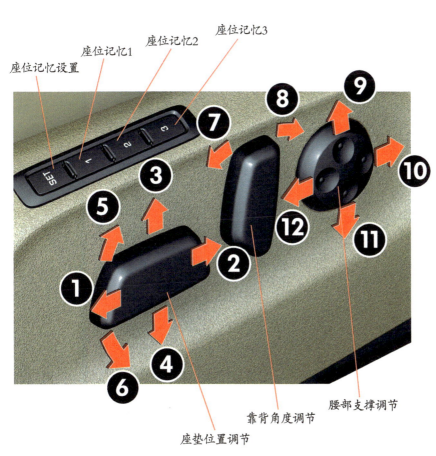

座位记忆设置
座位记忆1
座位记忆2
座位记忆3

靠背角度调节
座垫位置调节
腰部支撑调节

❶ 整个座椅向前移动
❷ 整个座椅向后移动
❸ 整个座椅向上移动
❹ 整个座椅向下移动
❺ 座垫前端抬高
❻ 座垫前端降低
❼ 靠背仰角减小
❽ 靠背仰角增大
❾ 腰部支撑向上移动
❿ 腰部支撑度减小
⓫ 腰部支撑向下移动
⓬ 腰部支撑度增大

2. 座椅位置记忆

现在,座椅记忆功能也是越来越常见了,大部分是有3个位置的记忆功能或更多。调整好座椅位置后,先按下"SET"或"M"钮,然后再按下数字钮"1",或"2",或"3"。当其他人驾驶过车辆后,你想重新调整座椅位置,只要按下原来设定记忆的座椅位置,座椅就能自动恢复到你所记忆的座椅位置。一些车辆的记忆信息,甚至包括车外后视镜当时的位置。

座位记忆设置

座垫调节

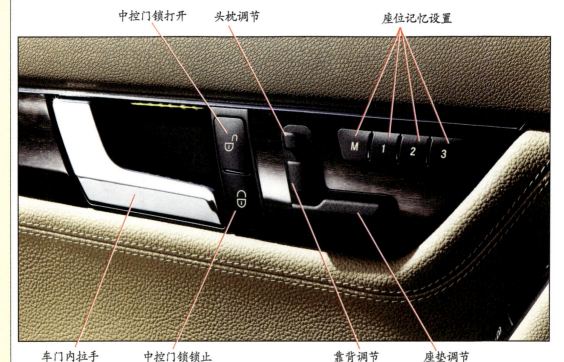

中控门锁打开　头枕调节　座位记忆设置

车门内拉手　中控门锁锁止　靠背调节　座垫调节

第4章 座椅调节标识

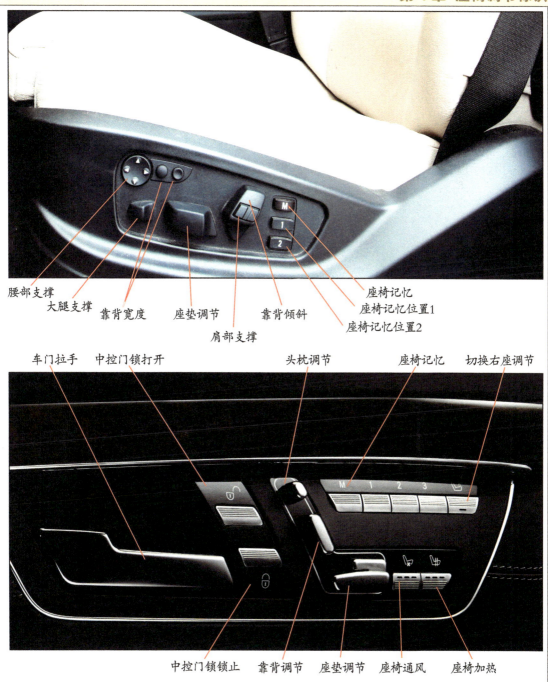

3. 腰部支撑调节

并不是所有的车辆都有腰部支撑调节功能，有的车辆只在驾驶人座椅位置有此功能。调节方式大概有两种，一种是手柄调节，调节手柄在座位外侧，扳动手柄就可以调节腰部的支撑量；另一种是电动调节，而且往往是四个方向调节，只需不断按动调节盘的四个方向，就可调节腰部支撑的上下位置和支撑高度。

腰部支撑调节

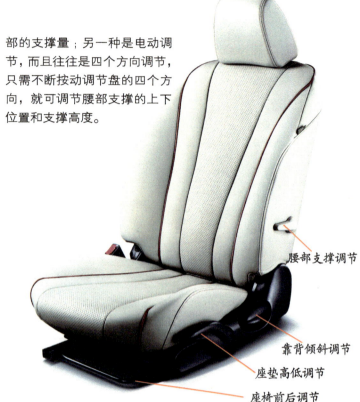

腰部支撑调节
靠背倾斜调节
座垫高低调节
座椅前后调节

座垫调节　靠背调节　腰部支撑调节

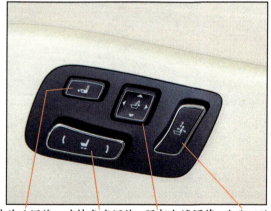

座椅前后调节　座椅角度调节　腰部支撑调节　靠背调节

第 4 章 座椅调节标识

4. "老板键"

在一些车型上,前排乘员座椅的位置也可以由其他座位的人来调节,这个调节钮俗称"老板键"。它一般设置在前排乘员座椅靠背的左侧面或背面,坐在车上的其他人可以很方便地对前排乘员座椅位置进行调节。

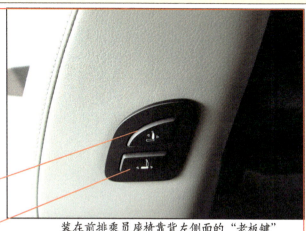

靠背角度调节

座椅前后调节

装在前排乘员座椅靠背左侧面的"老板键"

5. 座椅加热与通风

座椅加热功能在轿车上越来越普及,尤其是在北方更为实用。座椅加热功能控制键很容易辨认,"座椅上冒热气"的标识就是。一些座椅加热功能,多次按压控制键可以调节加热强度或取消加热功能。

座椅通风功能在豪华汽车上较为常见,它的标识是"座椅+风扇"。

左座椅加热　左座椅靠背角度　右座椅靠背角度　右座椅加热
后风窗遮阳帘

座椅加热

座椅通风

HI=高温
LO=低温

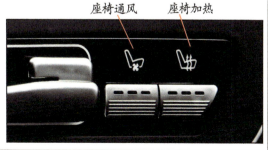

座椅通风　座椅加热

6. 头枕高度调节

头枕的延长杆部位有一个小按钮,这是头枕位置锁定钮。调高头枕时,只需将其拉高至理想的位置。若要调低头枕,则应该先将头枕锁定按钮按下,同时向下推压头枕。有的头枕在调高和调低时,都需要将锁定按钮按下。

注意:很多人不重视座椅头枕的调节,认为开车时不需要将头枕在上面,根本就用不着头枕。其实,设计座椅头枕的主要目的,不是为了舒适,而是为了减少颈部意外受伤的危险。

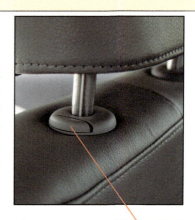

按压此按钮,即可轻松调整头枕高度。头枕中央位置应与驾驶人的耳朵在同一个水平高度上。

7. 座椅按摩功能

在一些豪华汽车上,都设置有座椅按摩功能。按下此键后,座椅靠背内就会有按摩器对驾乘者背部进行按摩。驾乘者还可以根据自己的感觉,来调节按摩力度。

按摩力度调节显示

按摩控制键。多次按此键,就可以调节按摩力度或取消。

8. 安全带高度调节

安全带要从肩膀处固定身体,如果安全带上端的位置太高,就会勒着脖子,不仅在正常驾驶时会感觉不舒服,而且在受到撞击时更可能造成伤害。

在松开安全带时,按下扣环上的松开按钮(红色的按钮并有"PRESS"字样),即可松开安全带并且会自动收回盒内。

PRESS=按压

用手按着此处并上下移动,即可调节安全带的高度。安全带最合适的高度,是正好从肩膀锁骨上勒过,而不能勒着脖颈。

9. 安全气囊及关闭

在印有 AIR BAG（安全气囊）或 SRS 的地方，说明那里装有安全气囊。SRS 是英文 Supplemental Inflatable Restraint System 的缩写，意思是辅助可充气约束系统。

当车上有儿童时应当注意，最好让儿童坐在后排。当前排乘员座椅上放置儿童座椅时，一定要将前排乘员位置的安全气囊关闭，以防车辆发生碰撞时对前排乘员座的儿童造成致命伤害。

SRS=安全气囊
AIRBAG=安全气囊
ON=开
OFF=关
PASS AIRBAG=乘员座安全气囊

10. 驾乘室辅助配置

原来，汽车上只有点烟器插座可作为电源插座，但那只是 12 伏的电源。后来，为了方便接引电源，又在车上其他部位增设了 12 伏电源。而现在，汽车上的 220 伏电源插座也越来越多。

饮料冷却

饮料加热

230伏交流电源

第5章 方向盘及周围标识

1. 多功能方向盘

为了方便驾驶人在驾驶中控制音响、蓝牙和巡航等,往往都要在方向盘上设置许多控制按键。拥有众多控制功能的方向盘,就称为多功能方向盘。

MODE=模式
VOL=音量
+=增加
-=减小
∧=上翻
∨=下翻
ON=打开
OFF=关闭
CANCEL
=取消定速巡航
RES=RESUME
=恢复原来的巡航速度
SET=设置当前速度为巡航速度
ECO=节能模式
TRIP=单程里程
RESET=复位
AIRBAG=安全气囊
KIA=起亚

接电话
挂电话

起亚K5汽车多功能方向盘标识

第 5 章 方向盘及周围标识

音响模式调节
音量调节
频道调节
通话
电话

宝马汽车多功能方向盘标识

巡航控制设置：
SET=设置当前速度为巡航速度
RES=恢复原来的巡航速度
I/O=Input/Output= 开关
＋=加速
－=减速

注意：为了避免车辆失控，在交通繁忙、道路湿滑、弯道或坡道行驶时，不要使用巡航控制系统。

奥迪汽车多功能方向盘标识

左右翻页
上下翻看

△=上翻
▽=下翻
◁=左翻
▷=右翻
OK=确定
NAV=Navigation=导航

音响控制菜单　　　　　　　导航　音量调节和静音

巡航系统控制：
CRUISE=巡航
RES=恢复原来的巡航速度
ACCEL=加速
DECEL=减速
SET=设置当前速度为巡航速度
CANCEL=取消定速巡航
SEL=SELECT=选择
RESET=复位

巡航系统操作方法

设定巡航速度：

1) 在良好无堵塞的路段上，汽车速度高于 40 千米/时（也有 30 千米/时），按下巡航控制主开关，系统开始工作。

2) 按下"SET/COAST"键（此时仪表板上的巡航警告灯亮起），通过踩加速踏板把车速调整到理想车速后松开加速踏板，巡航系统将自动保持该理想车速。

提高巡航速度：

1) 按下"RES/ACC"或"＋"开关，车速将增加。

2) 当车速增加到新的理想车速时，松开该按键开关，车辆将按照最新设定的速度巡航行驶。

降低巡航速度：

1) 按下"SET/COAST"或"－"开关，车速将降低。

2) 当车速降低到新的理想车速时，松开该按键开关，车辆将按照最新设定的速度巡航行驶。

取消巡航速度：

可以采取以下任何一种方式取消巡航：按下"CANCEL"按键；踩下制动踏板；对于自动变速器，将变速杆置于空档（N）；对于手动变速器，踩下离合器踏板；车速降到 40 千米/时以下；断开巡航控制主开关（CRUISE）。

第 5 章 方向盘及周围标识

丰田凯美瑞汽车多功能方向盘标识

MODE=模式
HOLD=保持
DISP=Display=显示
RES=恢复原来的巡航速度
SET=设置当前速度为巡航速度

音响控制

通话控制

静音　通话　音响频道调节　音量调节

巡航控制打开

巡航控制调节

巡航控制取消

汽车标识符号全知道 第4版

音响控制

行车信息菜单控制

巡航系统设置：
MODE=模式
SET=设置当前速度为巡航速度
RESUME=恢复原来的巡航速度
CANCEL=取消定速巡航

方向盘加热功能　语音控制　通话结束　开始通话

路虎汽车多功能方向盘标识

第 5 章 方向盘及周围标识

CONFIG=选项
VOL ＋ =音量增大
VOL － =音量减小
SET=设置当前速度为巡航速度
SRC=SOURCE 声源调节
LIST=列表
OFF=关闭
LIMIT=限速
CRUISE=巡航

标致汽车多功能方向盘标识

汽车标识符号全知道 第4版

英菲尼迪汽车多功能方向盘标识

SOURCE=声源调节　　RES=复位　　　　OFF=关闭
ENTER=回车　　　　COAST=巡航　　　SRS=安全气囊
CANCEL=取消　　　　SET=设置　　　　AIRBAG=安全气囊
ACCEL=加速　　　　ON=开启　　　　　MODE=模式选择

雪佛兰汽车多功能方向盘标识

静音　寻台　模式　蓝牙　空调吹风方向　空调风扇速度　巡航取消　定速巡航

第 5 章 方向盘及周围标识

驾车时要时刻保持注意力集中

方向盘上的控制功能主要是音响、巡航和蓝牙等，目的是让驾驶人在驾驶汽车的同时，也能在目光不离开路面的情况下操作一些功能。但需要注意的是，在操作方向盘上的控制功能时，一定要保持对车辆前方和周围情况的观察，不能分散注意力，以保证行车安全。

TEMP=温度
OFF=关闭
AUTO=自动
DISP=屏幕显示
MODE=模式
PWR=电源
SEEK=寻台
SOURCE=声源

2. 方向盘周围标识

在方向盘周围，主要有刮水器控制杆、换档拨片、定速巡航控制杆和方向盘高度调整钮等。

刮水器操作标识

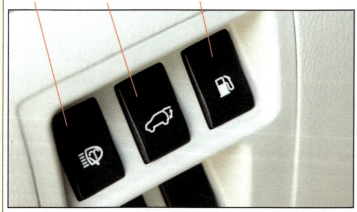

MIST=喷雾
OFF=关闭
INT=间歇式刮水
LO=低速刮水
HI=高速刮水
ON=开启
PULL=拉
REAR=后（刮水器）
SET=设置当前速度为巡航速度
SPEED=速度调节
DISTANCE=距离
CANCEL=取消定速巡航
RESUME=恢复原来的巡航速度
ACCEL=加速
RES=RESUME
　=恢复原来的巡航速度
COAST=巡航
START=起动
STOP=停止
ENGINE=发动机

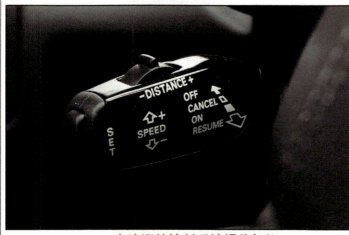

定速巡航控制系统操作标识

第 5 章 方向盘及周围标识

降档拨片　　DOWN=降档　　RES=恢复原来的巡航速度　　　　　　　　升档拨片
　　　　　　UP=升档　　　MODE=模式
　　　　　　LIM=LIMIT=限速　Ⓜ1=宝马汽车M模式1　Ⓜ2=宝马汽车M模式2

定速巡航控制　　　　　　　**宝马汽车多功能方向盘标识**　　　　　蓝牙电话　音响和语音控制

点火开关标识

LOCK：锁止功能。这是正常的停车位置，只有在该位置，车钥匙才能拔下来，这样就锁上了点火开关，而且将方向盘锁止动不了。

ACC：附件开关。钥匙转到此位置时，车上的音响系统如收音机、CD等可以使用，但发动机是关闭的，适合在车中休息时使用。

ON：电源开关。钥匙在此位置时，所有电气系统都处于通电状态，仪表板上所有警示和检测信号都会亮。一般在起动发动机前，最好在此位置停留片刻，以便发动机能自动检测各部件是否正常。

START：起动发动机。这一位置是用来起动发动机的，在发动机起动后钥匙应该马上松开。起动发动机时，不要在起动位置"START"停留太长时间，大概3秒左右。长时间起动，会对电动机或整个起动系统造成损坏。

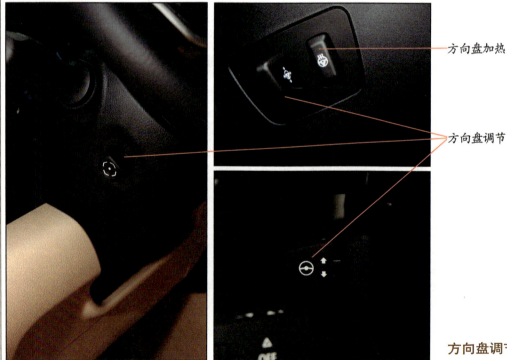

方向盘加热

方向盘调节

方向盘调节标识

第6章 仪表板标识

1. 行驶信息仪表

上车后，要首先检查仪表中的显示。先转动车钥匙到"TURN ON"，这时别急着把钥匙转到底起动发动机，此时只是接通了汽车各部的电路系统，仪表板上的警告灯就会全部亮起。

然后，再转动车钥匙，起动发动机。随后，这些警告灯都会熄灭，最后只剩下驻车制动警告灯仍在亮。如果是这样，说明你的汽车一切正常；否则，如果还有驻车制动警告灯以外的其他灯亮，就说明汽车有故障，需要进一步检查维修。

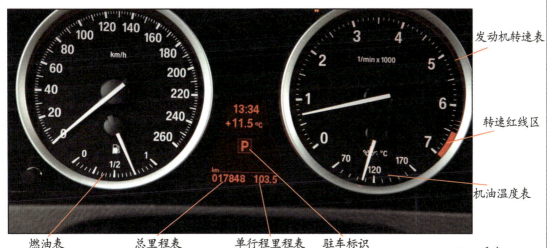

发动机转速表
转速红线区
机油温度表

燃油表　　总里程表　　单行程里程表　　驻车标识
　　　　　　　　　　　　　　　　　　车身动态稳定系统关闭

车速表

发电机检查

安全气囊指示灯

总里程　单行程里程　燃油量表　档位　车外温度　机油量检查

km=千米
km/h=千米/时
1/min=转/分
CHECK=检查
F=Full=满
E=Empty=空
turbo=涡轮增压
H=High=高
L=Low=低

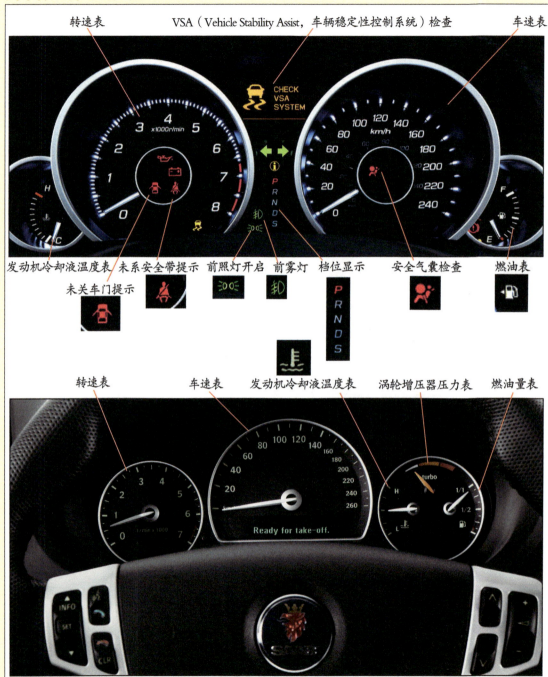

第6章 仪表板标识

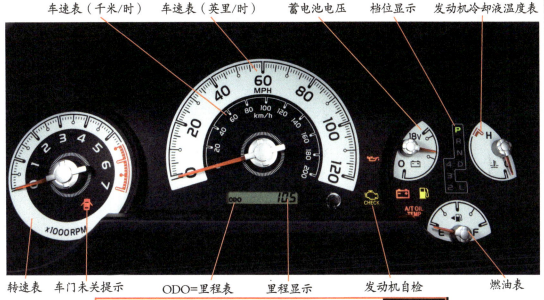

车速表（千米/时）　车速表（英里/时）　蓄电池电压　档位显示　发动机冷却液温度表

转速表　车门未关提示　ODO=里程表　里程显示　发动机自检　燃油表

发动机起动时它会亮起，但随后就会熄灭。如果一直亮或行驶中突然亮起，说明出现发动机故障，要立即停车并熄灭发动机。

RPM=转/分
rpm=转/分
ODO=里程表
TRIP=单程里程
km=千米
km/h=千米/时
MPH=英里/时
CHECK=检查
H=High=高
L=Low=低
F=Full=满
E=Empty=空

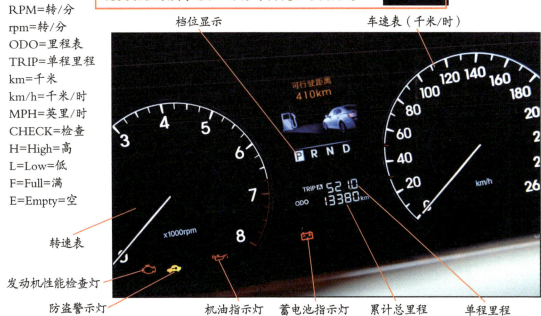

转速表　档位显示　车速表（千米/时）

发动机性能检查灯
防盗警示灯　机油指示灯　蓄电池指示灯　累计总里程　单程里程

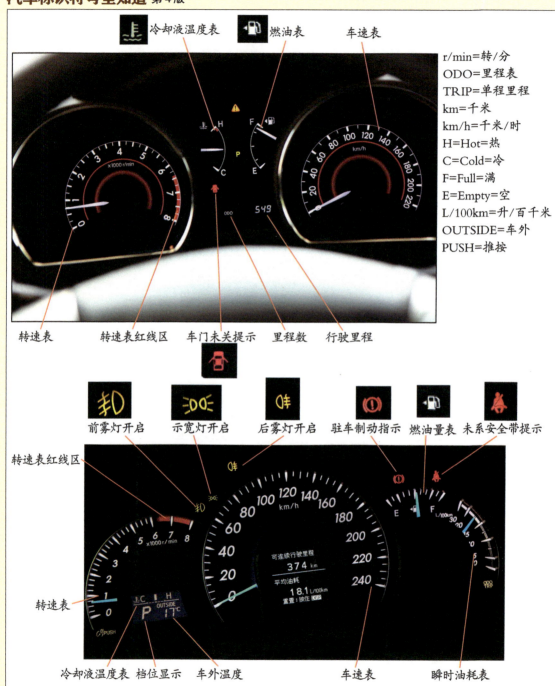

第6章 仪表板标识

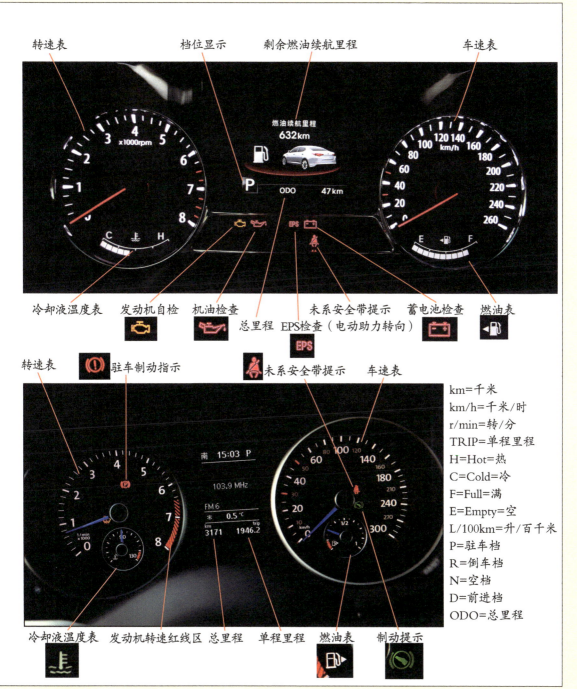

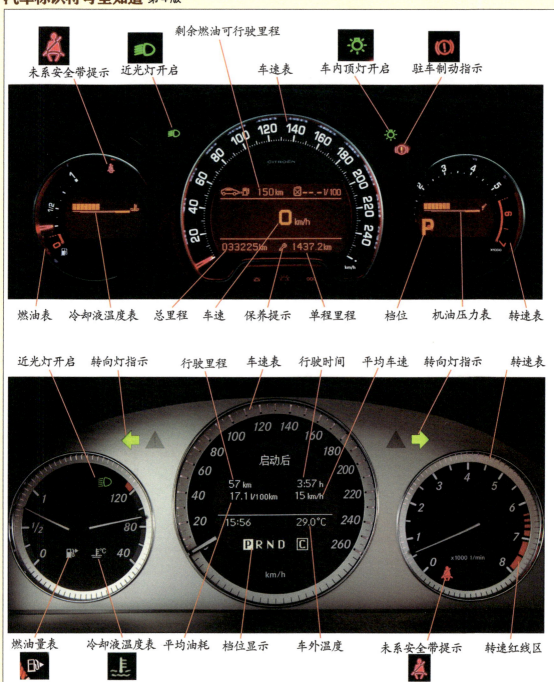

第6章 仪表板标识

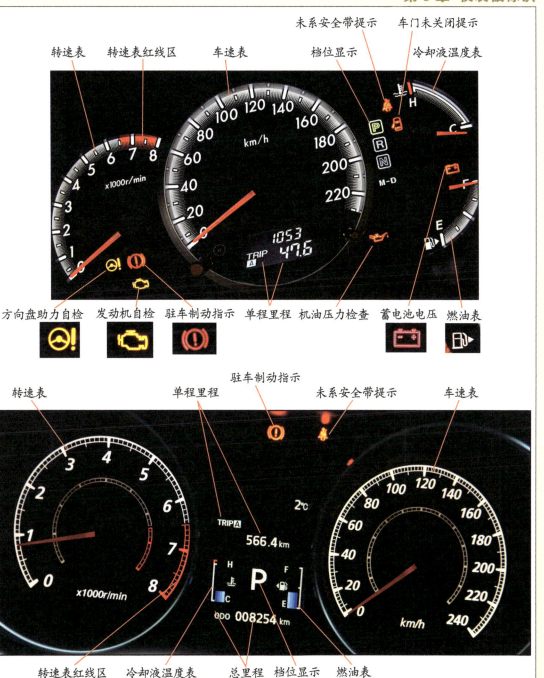

2. 警示标识符号

在起动汽车时，仪表板上显示的标识符号，基本都是警告或提醒信号。当车上电气系统接通时，它们都会进行自检，如果没有问题就会马上熄灭，如果有问题的系统则继续点亮，以提醒驾驶人注意。

警示标识符号一般是黄色和红色，并且按照问题轻重顺序，分别按黄色点亮、黄色闪亮、红色点亮、红色闪亮发出提示。其中，红色闪亮说明问题严重，需要马上维修。

制动系统警告灯

点火开关处于"ON"或"START"位置时，制动系统警告灯会亮。如果此时不在驻车状态（驻车制动器手柄放下），汽车起动后该灯会自动熄灭。<mark>如果处于驻车状态（驻车制动器手柄拉起），该灯会一直亮起。在行车过程中，该灯突然亮起，应停车检查。</mark>有的车辆在制动系统的储液罐内制动液量不足时，该警告灯也会亮起。

ABS 警告灯

该警告灯一般标有"ABS"字样。当点火开关转到"ON"位置时，系统会自动检测，这时 ABS 警告灯会亮，系统正常后会在数秒后熄灭。如果该警告灯一直亮，或行驶中突然亮起，或点火开关转到"ON"时根本未亮，都是表示 ABS 出现故障。

燃油量警告灯

油箱内剩余油量很少时，燃油量警告灯亮起，此时应尽快加注燃油。在燃油指针低于"E"位置并且燃油警告灯亮起时，<mark>继续驾驶车辆可能会导致发动机故障和损坏催化转化器！</mark>

充电警告灯

当点火开关置于"ON"的位置时，充电警告灯亮，起动发动机后自动熄灭。如果发动机持续运转时该警告灯仍亮，说明充电系统出现故障，应首先检查发电机的传动带是否脱离或松弛等。

车门未关闭警告灯

如果车门未关闭或没完全关紧，该警告灯会亮起，有时还会有警告的声音发出。发动机熄火后（点火开关在"LOCK"位置而钥匙未拔下），如果有任何一个车门被打开，该警告灯亮起提醒您不要将钥匙忘在车内。

机油压力警告灯

在正常情况下，机油压力警告灯在点火开关打开时亮，起动发动机后熄灭。如果发动机运转时，机油压力警告灯一直亮起，则发动机会出现严重故障，应停车检查机油情况。

巡航警告灯

当按下巡航控制开关时，仪表板上的巡航警告灯亮。如果再按一下该按钮，取消巡航控制的话，警告灯熄灭。

3. 指示标识符号

发动机故障警告灯

该警告灯上简略画有发动机的轮廓,并且一般还有"CHECK"的字样。起动车辆时,该信号灯闪烁数秒后自动熄灭。

如果起动车辆时不闪烁或行车时一直亮,都表示发动机有故障,应及时检查。

安全带警告灯

起动车辆自检时,该灯闪烁。行车过程中,如果有人未系好安全带(主要是前排座椅),该灯会亮起或闪烁。

轮胎气压警告灯

该警告灯上有轮胎断面和字母"P"字样。当轮胎气压异常时,该灯会亮起。

车身稳定控制系统警告灯

正常情况下,车身稳定控制系统(ESP)指示灯在起动发动机后,应当在几秒钟内自动熄灭。

如果ESP指示灯闪烁,表明ESP系统正被激活,正在提高车辆的转向稳定性。

如果ESP指示灯常亮,原因可能是ESP按钮被按下,ESP系统被关闭。此时,只需再次按下按钮,打开ESP系统即可使ESP灯熄灭。

如果ESP系统被关闭,车速大于50千米/时时,系统仍将自动打开,介入工作。

如果ESP按钮没有被按下,按钮上的指示灯自行点亮,表明ESP系统存在故障,应当将车辆送到维修站进行检修。

SRS安全气囊警告灯

当SRS安全系统出现故障时,该警告灯会亮。当把点火开关拨到"ON"位置时,该灯会闪烁数秒后自动熄灭。如果该灯持续闪烁或亮起,表明安全系统出现故障。

照明指示灯

如果照明灯光打开时,此指示灯点亮。

远光指示灯

该指示灯是前照灯平直远射的图标。当前照灯开关转到远光或变光位置时,远光指示灯会亮。

近光指示灯

这是前照灯近射时的图标。当前照灯开关转到近光位置时,近光指示灯会亮。

自动前照灯调平

当点火开关转到"ON"位置时,此灯短暂点亮。如果此灯一直点亮或行驶中点亮,说明自动前照灯调平系统有问题。

第 6 章 仪表板标识

汽车常用指示标识符号

车内照明	近光灯	远光灯	示宽灯	前雾灯
前照灯高度调节	转向灯	警示灯	燃油量表	冷却液温度
机油压力	蓄电池充电	驻车制动	ABS检测	发动机故障
空气调节	空气车外循环	空气车内循环	制冷	吹风方向
吹风方向	吹风方向	刮水器	前风窗喷淋	前风窗除霜
后风窗喷淋	后风窗除霜	制冷	扬声器	儿童安全锁
安全气囊关闭	点烟器	喇叭	后雾灯	安全带提醒

第7章 变速杆及周围标识

1. 变速器档位

P=Parking=驻车锁止档
R=Reverse=倒车档
N=Neutral=空档
D=Drive=前进档
M=Manual=前进档的手动模式
S=Sport=前进档的运动模式

第 7 章 变速杆及周围标识

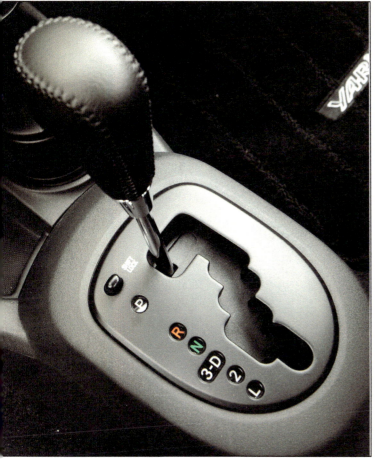

P=Parking=驻车锁止档
R=Reverse=倒车档
N=Neutral=空档
D=Drive=前进档
M=Manual=前进档的手动模式
＋=加档
－=减档
S=Sport=前进档的运动模式
3=只在1~3档间变化
2=只在1~2档间变化
L=Low=低速档
SHIFT LOCK=换档解锁钮

　　当车辆因没电造成无法起动的时候，如果此时变速杆在 P 位，车辆就无法被拖动。这时，可以按下"SHIFT LOCK"按钮，将变速杆解锁，变速杆就可以移动到 N 位，车辆可以被拖动。

汽车标识符号全知道 第4版

奔驰汽车变速杆

宝马汽车电子变速杆

左后视镜　右后视镜　顶篷开关
后视镜折叠

P=Parking=驻车锁止档
R=Reverse=倒车档
N=Neutral=空档
D=Drive=前进档
M=Manual=前进档的手动模式
S=Sport=前进档的运动模式
＋=加档
－=减档
SPORT=运动模式
COMFORT=舒适模式

第 7 章 变速杆及周围标识

捷豹汽车变速钮 — 档位选择钮

行驶模式选择
砂砾地
草地
雪地
普通公路
高速公路

奔驰S级车型变速杆

2. 变速杆周围标识

P=Parking=驻车锁止档
R=Reverse=倒车档
N=Neutral=空档
D=Drive=前进档
M=Manual=前进档的手动模式
S=Sport=前进档的运动模式
C=Comfort=前进档的舒适模式
＋=加档
－=减档

运动模式
雪地模式

驾驶模式选项：
M——手动模式
S——运动模式
C——舒适模式

奔驰汽车人机交互系统COMAND（奔驰称为驾驶室管理及数据系统）控制旋钮

退回上一步

第 7 章 变速杆及周围标识

奥迪A6L汽车变速杆及周围操作标识

标注说明：
- 电话
- 导航
- 手写板
- 电子驻车制动（俗称"电子手刹"）
- 自动驻车
- 档位：P=驻车档；R=倒车档；N=空档；D=前进档；S=前进档运动模式
- 菜单
- 退回上一步
- 奥迪MMI控制旋钮。奥迪的人机交互系统称为多媒体交互系统（Multi Media Interface），缩写为MMI
- 车辆信息
- 多媒体
- 收音机
- 音量调节
- 一键式起动按键

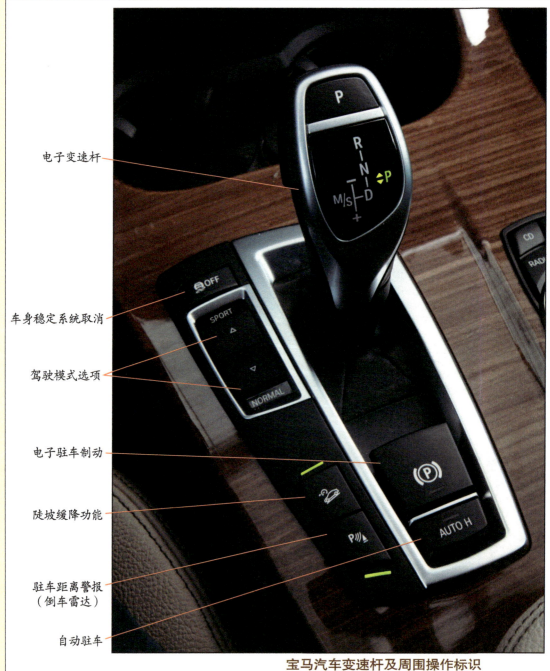

宝马汽车变速杆及周围操作标识

第 7 章 变速杆及周围标识

左座椅温度调节　右座椅温度调节
变速器模式选择

P=Parking=驻车锁止档
R=Reverse=倒车档
N=Neutral=空档
D=Drive=前进档
M=Manual=手动模式
S=Sport=运动模式
＋=加档
－=减档
SHIFT LOCK=换档锁止
SPORT=运动模式
NORMAL=普通模式
SNOW=雪地模式
ECO=节能模式
OFF=关闭
AUTO H=Auto Hold=自动驻车

第8章 中控台上标识

1. 中控台

- 空调出风口
- 导航、行车信息、多媒体控制等屏幕显示区
- 音响控制区
- 空调控制区
- 其他控制区
- 变速控制区

第8章 中控台上标识

2. 空调

半自动空调调节钮
- 温度设定
- 车内空气循环方式
- 风扇风速调节
- 送风方向调节

- 出风量
- 出风方向
- 车门锁止
- 危险警告灯
- DTC系统关闭
- 出风量调节
- 出风方向调节
- 向前风窗送风
- 停车余热控制功能
- 向后风窗送风
- 间接吹风
- 向上身吹风
- 向下身吹风
- 自动模式
- 低风
- 高风
- 车内空气循环
- 温度设定

- 送风方向调节
- 风扇风速调节
- 向前风窗送风
- 自动模式
- 温度调节
- 向后风窗送风
- 空调开关

AUTO=自动模式
TEMP=温度
MAX=最大
DTC=动态牵引力控制系统
REST=停车余热控制功能
OFF=关闭
A/C=Air Condition=空调开关

陈总编爱车热线书系

AUTO=自动模式
DUAL=两侧同步
TEMP=温度
MAX=最大
PUSH=推按
OFF=关闭
AC=A/C=Air Condition=空调开关
REAR=后面
FRONT=前面
PASSENGER=前排乘员

第8章 中控台上标识

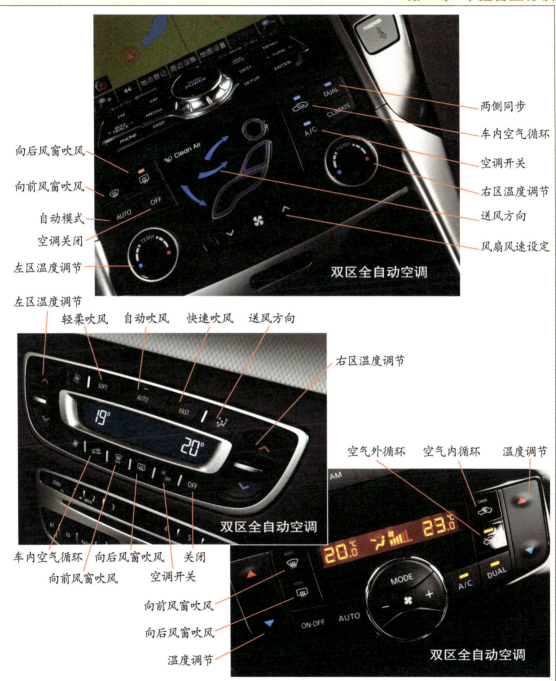

双区全自动空调

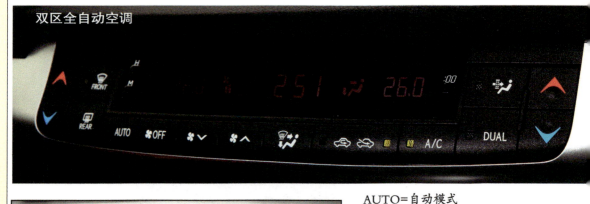

双区全自动空调

AUTO＝自动模式
DUAL＝两侧同步
TEMP＝温度
MODE＝运行模式
MAX＝最大
PUSH＝推按
OFF＝关闭
AC＝A/C＝Air Condition＝空调开关
REAR＝后面
FRONT＝前面
MIRROR＝后视镜
SYNC＝同步
PASSENGER＝前排乘员
INFO＝Information＝信息

三区全自动空调

第 8 章 中控台上标识

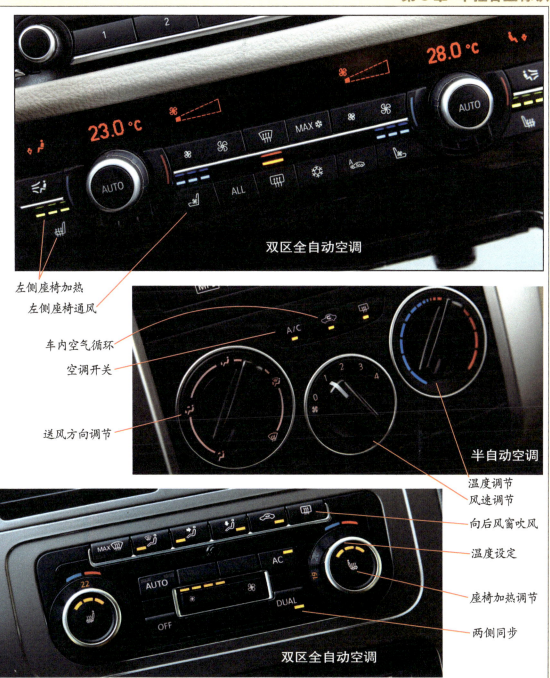

3. 影音

VOL=Volume=音量
FAV=Full Audio Video
 =全部影音设备
INFO=信息
SEEK=寻台

TONE=音调
CONFIG=配置
BACK=退回
CD=CD播放
AUX=外接音源

RADIO=收音机
BAND=波段
MENU=菜单
BOSE=BOSE音响品牌
iPod=iPod接口

USB=USB接口
AUDIO=音频
VIDEO=视频
AV IN=音频视频输入

第 8 章 中控台上标识

静音

音量调节及音响总开关

VOL=Volume=音量
AM=调幅
FM=调频
MEDIA=多媒体影音
SEEK=寻台
TUNE=音调
CONFIG=配置
BACK=退回
CD=CD播放
AUX=外接音源
RADIO=收音机
TRACK=音轨
MENU=菜单
USB=USB接口
AUDIO=音频
VIDEO=视频
AV IN=音频视频输入
PUSH=推按
ON=开启
OFF=关闭
SCAN=自动扫描搜索

CD弹出

音调/频道等调节

4. 导航

现在，汽车上装备的导航系统基本都是中文的，而且绝大多数都是触屏的，用起来非常方便。

RADIO=收音机
DISC=光盘
NAVI=导航
TEL=电话
ON=开启
OK=确定

AV=音频视频播放
MODE=模式
MUTE=静音
PUSH=推按
VOL=音量
PWR=电源

SETUP=设置
CLOCK=时钟
SEEK=寻台
TRACK=音轨
TUNE=音调
Bluetooth=蓝牙

MAP=地图
DEST=目的地
MEDIA=多媒体
INFO=信息

第 8 章 中控台上标识

陈总编爱车热线书系 65

第9章
灯光与后视镜标识

1. 灯光调节

奔驰汽车灯光操作标识

第 9 章 灯光与后视镜标识

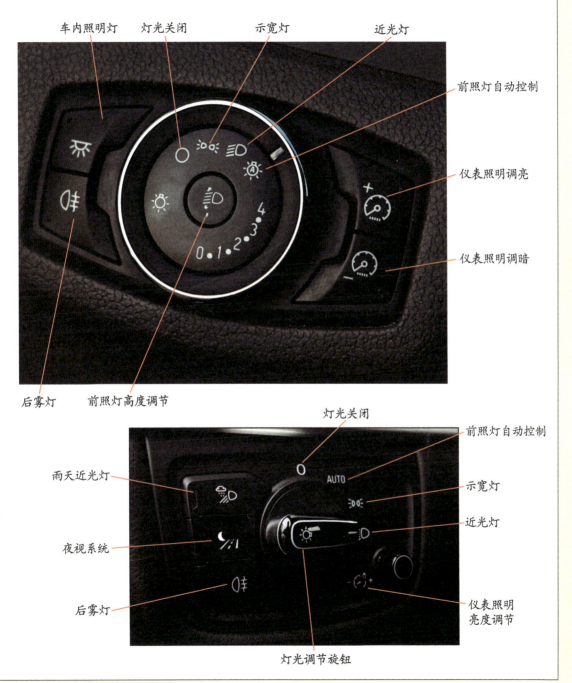

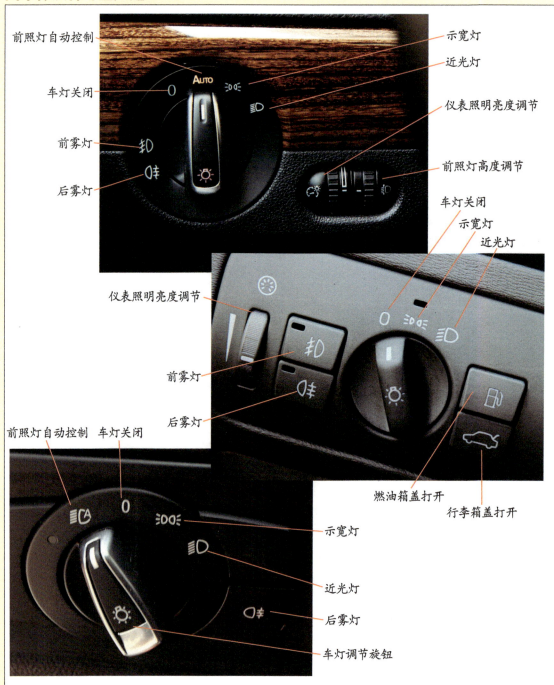

第 9 章 灯光与后视镜标识

汽车标识符号全知道 第4版

车内后部照明

门控车内照明

阅读灯

车内照明

阅读灯

防拖车保护

防拖车保护起动后，如果车辆的倾斜角度发生变化，视听警告将被触发。比如，车辆的一侧被顶起，则防拖车保护警告将被触发。

车内活动传感器

当车辆锁止后，如果发生下列情况，视听警告将被触发：

1）有人击碎侧车窗。

2）有人进入车内。

因此，如果有人或动物留在锁止的车内，请停止使用车内活动传感器，以免误触发警告。

车内照明灯　车内后部照明灯　阅读灯

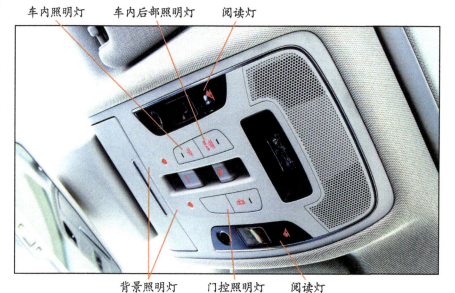

背景照明灯　门控照明灯　阅读灯

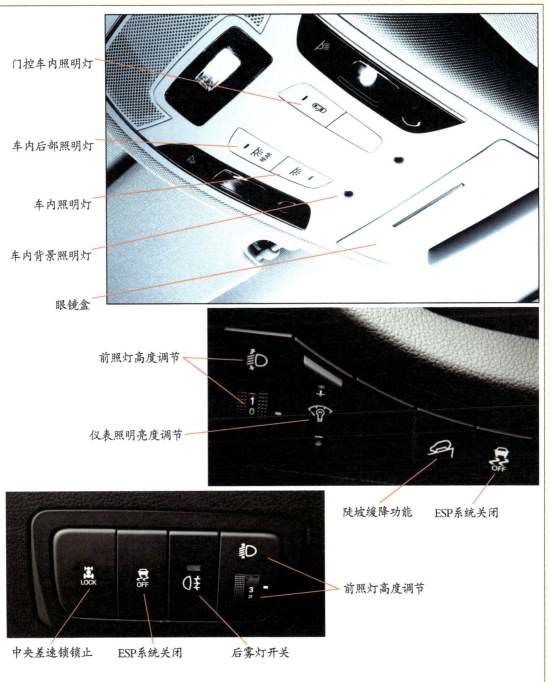

2. 后视镜调节

第 9 章 灯光与后视镜标识

- 后视镜调节键
- 后视镜展开
- 后视镜折叠
- 把后视镜折叠开关切换到中间位置，就使后视镜设置在自动模式，此时后视镜的折叠操作就与车门的开锁和闭锁联动。
- 盲点超车提示
- 驻车距离提示（倒车雷达）
- 前照灯自动模式
- 方向盘加热
- 左后视镜选择
- 后视镜加热
- 右后视镜选择
- 后视镜折叠
- 后视镜调节键

第10章 驾驶操作标识

1. 人机交互系统

人机交互系统，实际上就是指利用简单的几个控制键来控制和操作数十个甚至更多的车载功能，包括空调、音响、导航和通信，甚至行驶模式等。比如，宝马的iDrive、奥迪的MMI和奔驰的COMAND等，都是著名的智能车载控制系统。

宝马iDrive人机交互系统

奥迪Q7上MMI多媒体交互系统

CD=CD播放
MENU=菜单
TEL=电话
RADIO=收音机
BACK=退回
OPTION=选项
NAV=导航
INFO=信息
CAR=车辆信息
SETUP=设置
MEDIA=多媒体
NAME=名单
ON/OFF=开/关

第 10 章 驾驶操作标识

电子驻车制动　自动驻车（AUTO HOLD）　触屏写字板　导航　电话　菜单　返回

奥迪多媒体交互系统MMI

奥迪MMI（Multi Media Interface，奥迪多媒体交互系统）操作旋钮。

奔驰汽车COMAND人机交互系统

第 10 章 驾驶操作标识

CD=CD播放
DISC=光盘
MENU=菜单
TEL=电话
RADIO=收音机
BACK=退回
ON=开启
NAVI=导航
VOL=音量
MAP=地图
2D=二维
3D=三维
DEST=目的地
HOME=回家
REPEAT=重复
MUTE=静音
LIGHT=增亮
DARK=减暗
SET=设置
ROUTE=路线
ZOOM=画面放大

雷诺汽车人机交互系统

电子驻车制动

雷诺汽车人机交互系统

2. 安全驾驶操作

安全驾驶操作，主要包括 ASR、ESP 等主动安全系统的关闭、胎压监测、泊车辅助、驾驶模式选项和安全急救等。

DSC关闭　驾驶模式选项：运动模式　驾驶模式选项：节能模式　侧视系统　顶视系统

ESP关闭

ASR关闭

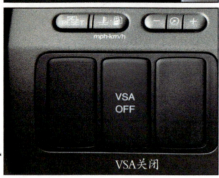

VSA关闭

VDC关闭

SPORT=运动
ECO=节能模式
OFF=关闭
PUSH=推按
ESP=Electronic Stability Program=电子稳定程序
ASR=Acceleration Slip Regulation=加速防滑控制系统
VSA=Vehicle Stability Assist=车辆稳定性控制系统
VDC=Vehicle Dynamics Control=车辆动态控制系统

第 10 章 驾驶操作标识

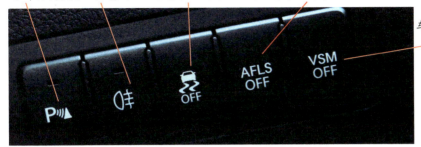

驻车距离提示　后雾灯　防滑系统关闭　随动转向氙气前照灯关闭　车辆稳定性管理系统关闭

左侧座椅通风调节　右侧座椅通风调节

VSM=Vehicle Stability Management
　　=车辆稳定性管理系统
SPORT=运动模式
NORM=普通模式
PWR=POWER
　　=动力模式
HYBRID=混合模式
SNOW=雪地模式
OFF=关闭
ECO=Economy
　　=节能模式
ECT=Electronic Control
　　Transmission
　　=电子控制变速器
TRC=Traction Control
　　=驱动防滑控制

减振器阻尼调节

左侧座椅通风调节　变速器模式调节　右侧座椅通风调节

TRC关闭　变速器电控模式转换

陈总编爱车热线书系　79

汽车标识符号全知道 第4版

SPORT=运动模式
COMF=COMFORT=舒适模式
ESP=Electronic Stability Program
　　=电子稳定程序
DSR=陡坡缓降功能
DTC=Dynamic Traction Control
　　=动态牵引力控制系统
A/C=Air Conditioning
　　=空调总开关

第 10 章 驾驶操作标识

后雾灯　前雾灯　前照灯自动控制　车灯关闭　示宽灯　近光灯　前照灯高度调节

车道变更警告　预碰撞警告　车道偏离警告　夜视系统　平视系统

宝马汽车驾驶辅助系统操作标识

ESP关闭　泊车辅助　驻车距离提示

胎压监测

主页菜单

泊车辅助

驻车距离提示

关闭

3. 高级驾驶标识

CST=Control of Stability and Traction
　＝牵引力和车身稳定控制系统
RACE=赛车模式
SPORT=运动模式
COMFORT=舒适模式
AUTO=自动选择模式
INDIVIDUAL=个性设定模式
DYNAMIC=动态驾驶模式

防滑系统

雪地模式

法拉利跑车驾驶模式选择

奥迪汽车驾驶模式选择

第 10 章 驾驶操作标识

防滑系统关闭　侧视系统　驻车距离提示

加速响应速度　方向盘回馈力度　换档速度
　　减振器软硬度　　电子驻车制动

R=倒档
N=空档
D=前进档
P=Parking=驻车档
EDC=Electronic Damping Control
　　=电子减振控制
OFF=关闭

宝马M5车型变速杆周围标识

运动模式
电子减振控制
防滑系统关闭

宝马M3变速杆周围

陈总编爱车热线书系　83

4. 四轮驱动操作标识

4H=高速四轮驱动
4L=低速四轮驱动
PUSH=推按
4H LOCK=高速四轮驱动、中央差速器锁止
4L LOCK=低速四轮驱动、中央差速器锁止
2WD=两轮驱动模式
AUTO=自动四轮驱动模式
LOCK ON=中央差速器锁止
LOCK OFF=中央差速器解锁
ALL MODE 4×4-i
　　=全模式智能四轮驱动
SPORT=运动模式
AUTO=自动模式
P=驻车档
R=倒档
N=空档
D=前进档
S=前进档运动模式
OFF=关闭

铃木超级维特拉汽车四轮驱动操作标识

日产奇骏汽车四驱操作标识

雪地模式：冬季湿滑路面、冰雪路面。

拖挂车模式：优化在牵引拖车情况下的起步、转弯和制动。

驱动模式选择钮

越野模式2：具有崎岖路段的挑战性越野地形。

运动模式：在蜿蜒道路上更加冒险和动态的驾驶。

自动模式：日常驾驶。

越野模式1：适合轻度越野，如在松土、砂石路面上行驶。

奔驰M级车型四轮驱动操作标识

第10章 驾驶操作标识

公路模式　越野模式　节能模式　减振器阻尼模式调节：舒适　车身水平高度调节：自动

ON ROAD=公路模式
OFF ROAD=越野模式
E-MODE=节能模式
COMFORT=舒适模式
LOCK=锁止
NIVEAU=水平高度
CRAWL=低速巡航驾驶辅助系统
MTS=Mult Terrain Select=多地形可选驾驶辅助装置

防滑系统关闭　　中央差速锁锁止

上坡辅助开关　　低速巡航驾驶辅助系统

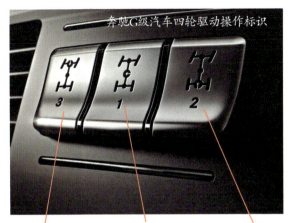

奔驰G级汽车四轮驱动操作标识

前差速锁　中央差速锁　后差速锁

丰田兰德酷路泽汽车四轮驱动操作标识

多地形可选驾驶辅助装置

陈总编爱车热线书系　85

汽车标识符号全知道 第4版

路虎汽车四轮驱动操作标识

第 10 章 驾驶操作标识

AUTO=自动模式
4H=高速四轮驱动模式
4L=低速四轮驱动模式
PUSH=推按
SNOW=雪地模式
TOW MODE=拖车模式
START=起动
STOP=停止
ENGINE=发动机
OFF=关闭
ECO=节能模式
NORMAL=普通模式
SPORT=S 运动模式
S+ =运动加强模式

英菲尼迪EX车型四轮驱动系统操作标识

5. 其他功能操作标识

节能模式　普通模式　运动模式

驾驶模式选择标识　　雪地模式

发动机一键式起动按钮

发动机自动起停功能关闭

带自动起/停功能的发动机起动标识

陈总编爱车热线书系　87

第 11 章 发动机室标识

1. 发动机室标识位置

建议每周打开一次发动机盖检查它的一油四液。

1) 机油。可以首先检查,这里最容易出现问题,尤其是使用年限较长的车型。

2) 制动液。对行车安全最为重要,虽然不容易亏缺,但是一旦出现问题就非常严重。

3) 蓄电池液。这是最容易被忽略的检查。

4) 冷却液和玻璃清洗液。它们是最容易检查的项目,看一眼即可。

检查时,只要油液的位置在最上限和最下限之间即可。如果低于最下限标识,就应补充油液。油液过多也无益,甚至有害。

1 发动机罩
2 机油加注口
3 机油尺
4 玻璃清洗液加注口
5 冷却液加注口
6 制动液加注口
7 空气滤清器
8 蓄电池
9 发动机盖锁扣

第 11 章 发动机室标识

2. 发动机油液加注标识

机油加注口

玻璃清洗液加注口

冷却液加注口

制动液加注口

COOLANT=冷却液
MAX=最大
MIN=最小
BRAKE FLUID=制动液
＋=蓄电池正极
－=蓄电池负极

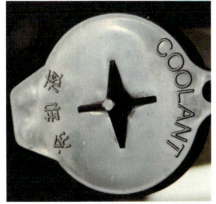

冷却液加注口

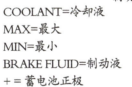

制动液加注口

蓄电池

第 12 章 轮胎标识

1. 轮胎规格与性能标识

扁平比 = 轮胎高度/轮胎宽度 × 100

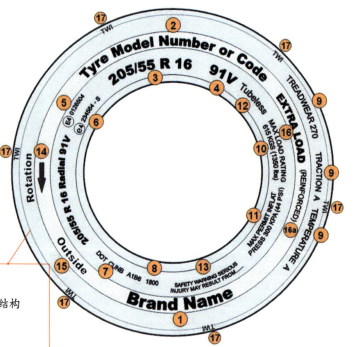

① 轮胎品牌名称
② 轮胎型号
③ 轮胎尺寸（轮胎宽度/扁平比＋轮胎结构＋轮辋直径）
④ 载重指数＋速度级别
⑤ ECE认证编码
⑥ EEC噪声合格认证码
⑦ 美国运输部制造商码
⑧ 制造日期（前两位数指周数，后两位为年度，如1806，代表生产时间是2006年第18周）
⑨ 美国质量认证级别（其中，TRACTION是抓地力等级，TEMPERATURE是温度等级）
⑩ 轮胎最大载重
⑪ 轮胎最大压力
⑫ 无内胎结构
⑬ 安全警告
⑭ 旋转方向（只有单向轮胎才有）
⑮ 外侧面（内侧面为Inner，只有不对称轮胎才有）
⑯ 额外载重
⑰ 磨损标示

All Terrain=全地形越野轮胎
Mud Terrain=泥地越野轮胎
BF Goodrich=百路驰（轮胎品牌）